Milo

有 仇　必　報！

yǒu chóu bì bào!

Terry T. Waltz

Squid For Brains
educational publishing

Milo youchoubibao! (Simplified Chinese version)

Text and illustrations by Terry T. Waltz

Published by:
Squid For Brains
www.SquidForBrains.com
Albany, NY USA

ISBN-13: . 978-1-946626-40-0

Chapter 1 Which Club?

"我们 是 Pet Club！看一看 吧！ Pet Club 很好！"

"你 喜欢 玩 Xbox 吗？ XBox Club 要 你！"

"酷 的人 都 去 Science Circle!"

The Barvard School 的 社团 很 多！大的 社团，小的 社团，Barvard 都 有。

今天 是 Barvard School 的 Club Expo。 Milo 跟 他的 朋友 要 看 Barvard 的 社团。今天 学生 要 说，他们 喜欢 哪 个 社团。

但是，Milo 今天 不 高兴。 Milo

Chapter 1

Which
Club?

`Wǒmen shì Pet Club! Kàn yī kàn ba! Pet Club hěn hǎo!'

`Nǐ xǐhuān wán Xbox ma? XBox Club yào nǐ!'

`Kù de rén dōu qù Science Circle!'

The Barvard School de shètuán hěnduō! Dà de shètuán, xiǎo de shètuán, Barvard dōu yǒu.

Jīntiān shì Barvard School de Club Expo. Milo gēn tā de péngyǒu yào kàn Barvard de shètuán. Jīntiān xuéshēng yào shuō, tāmen xǐhuān nǎ gè shètuán.

Dànshì, Milo jīntiān bù gāoxìng.

今天 有 麻烦。 虽然 社团 多， 但是 Milo 都 不 喜欢。 大的 社团 他 不 喜欢。 小的 社团 他 也 不 喜欢。 没办法！ Milo的 朋友 喜欢 Barvard School 的 社团， 但是 Milo 不喜欢。

Rosa 是 Milo 的 朋友。 Rosa 跟 Milo 说："我们 为什么 不 去 Pet Club? Pet Club 酷！ 我们 去 Pet Club 吧！"

Rosa 的 妈妈 很 喜欢 猫， 所以 Rosa 也 喜欢 猫。 Rosa 的 爸爸 喜欢 狗， 但是 妈妈 说， 猫 不 喜欢 狗， 所以 在 Rosa 的 家 没有 狗。Rosa 跟 她的 爸爸 都 不高兴， 但是 没办法。

Rosa 喜欢 Pet Club。 但是 Milo 不 喜欢 Pet Club。 他 不 想 去 Pet Club， 因为 他 不 喜欢 猫。"我 不 喜欢 Pet Club。 猫 和 狗 很 麻烦！ 我 不 喜欢。"

Rosa 不 高兴。 Milo 为什么 不 喜欢 PetClub?

Rosa 说："Harold！ 你看！ 有

Milo jīntiān yǒu máfan. Suīrán shètuán duō, dànshì Milo dōu bù xǐhuān. Dà de shètuán tā bù xǐhuān. Xiǎo de shètuán tā yě bù xǐhuān. Méi bànfǎ! Milo de péngyǒu xǐhuān Barvard School de shètuán, dànshì Milo bù xǐhuān.

Rosa shì Milo de péngyǒu. Rosa gēn Milo shuō: `Wǒmen wèishéme bú qù Pet Club? Pet Club kù! Wǒmen qù Pet Club ba!'

Rosa de māmā hěn xǐhuān māo, suǒyǐ Rosa yě xǐhuān māo. Rosa de bàba xǐhuān gǒu, dànshì māmā shuō, māo bù xǐhuān gǒu, suǒyǐ zài Rosa de jiā méiyǒu gǒu. Rosa gēn tā de bàba dōu bù gāoxìng, dànshì méi bànfǎ.

Rosa xǐhuān Pet Club. Dànshì Milo bù xǐhuān Pet Club. Tā bù xiǎng qù Pet Club, yīnwèi tā bù xǐhuān māo. `Wǒ bù xǐhuān Pet Club. Māo hé gǒu hěn máfan! Wǒ bù xǐhuān.'

Rosa bù gāoxìng. Milo wèishéme bù xǐhuān PetClub?

Rosa shuō: 'Harold! Nǐ kàn! Yǒu

XBox 社团！很酷吧！"

Harold 也 是 Milo 的 朋友。Harold 不 喜欢 猫，但是 Harold 喜欢 玩 XBox。他 在 家 玩 XBox。他的 爸爸 也 很 喜欢 玩 XBox。

Rosa 跟 Milo 说："Harold 喜欢 很 多 社 团。他 很 喜欢 XBox 的 社团。"

Harold 跟 Milo 说："你 喜欢 不 喜欢 XBox Club? 你 家 有 XBox。 XBox 很 酷。你 不 喜欢 玩 XBox 吗？我 喜欢！我们 去 看一看 XBox 的 社团，好不好？"

但是 Milo 不 想 去 看 XBox 的 社 团。"Harold! 我 家 的 XBox 不是 我 的。是 我 哥哥 的。他 很 喜欢 玩 XBox。但是 我 不 喜欢。我 哥哥 不 酷！玩 XBox 不酷！我 不 想 去 看 玩 XBox 的 社团。"

Harold 生 Milo 的 气。"XBox 社

XBox shètuán! Hěn kù ba!'

Harold yěshì Milo de péngyǒu.
Harold bù xǐhuān māo, dànshì Harold
xǐhuān wán XBox. Tā zài jiā wán XBox.
Tā de bàba yě hěn
xǐhuān wán XBox.

Rosa gēn Milo
shuō: 'Harold xǐhuān
hěnduō shètuán. Tā hěn
xǐhuān XBox de shètuán.'

Harold gēn Milo shuō: 'Nǐ xǐhuān
bù xǐhuān XBox Club? Nǐ jiā yǒu XBox.
XBox hěn kù. Nǐ bù xǐhuān wán XBox
ma? Wǒ xǐhuān! Wǒmen qù kàn yī kàn
XBox de shètuán, hǎobù hǎo?'

Dànshì Milo bù xiǎng qù kàn XBox
de shètuán. `Harold! Wǒ jiā de XBox
bú shì wǒ de. Shì wǒ gēgē de. Tā hěn
xǐhuān wán XBox. Dànshì wǒ bù xǐhuān.
Wǒ gēgē bú kù! Wán XBox bú kù! Wǒ
bù xiǎng qù kàn wán XBox de shètuán.'

Harold shēng Milo de qì. 'XBox

团 很好！很 好玩！你 为什么 不 喜欢？"

Milo 说："我 要 一 个 很 酷 的 社团。玩 XBox 不 酷。你 喜欢 玩 XBox, 但是 我 不 喜欢。所以 我 不想 去 看 XBox 的 社团。"

Rosa 跟 Harold 都 不 高兴。他们 喜欢 玩 XBox。很 多 人 都 说 XBox 社团 很 好。

Rosa 跟 Harold 也 喜欢 猫 和 狗，所以 他们 喜欢 Pet Club。但 是 Milo 不 喜欢 Pet Club。他 不 喜欢 XBox 社团。Milo 不 高兴。在 Barvard 为什么 没有 酷 的 社团？

shètuán hěn hǎo! Hěn hǎowán! Nǐ wèishéme bù xǐhuān?'

Milo shuō: 'Wǒ yào yīgè hěn kù de shètuán. Wán XBox bú kù. Nǐ xǐhuān wán XBox, dànshì wǒ bù xǐhuān. Suǒyǐ wǒ bùxiǎng qù kàn XBox de shètuán.'

Rosa gēn Harold dōu bù gāoxìng. Tāmen xǐhuān wán XBox. Hěnduō rén dōu shuō XBox shètuán hěn hǎo.

Rosa gēn Harold yě xǐhuān māo hé gǒu, suǒyǐ tāmen xǐhuān Pet Club. Dànshì Milo bù xǐhuān Pet Club. Tā bù xǐhuān XBox shètuán. Milo bù gāoxìng. Zài Barvard wèishéme méiyǒu kù de shètuán?

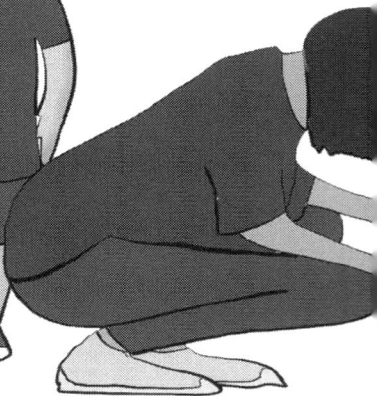

Chapter 2 The Expo

Milo 跟他的朋友看了很多社团，但是 Milo 都不喜欢。

Harold 跟 Milo 说："我不想看社团了！没有你喜欢的社团吗？"

Rosa 说："Milo，你看，是不是王老师？"

王老师在中文社团那

Chapter 2

The Expo

Milo gēn tā de péngyǒu kànle hěn duō shètuán, dànshì Milo dōu bù xǐhuān.

Harold gēn Milo shuō:'Wǒ bù xiǎng kàn shètuán le! Méiyǒu nǐ xǐhuān de shètuán ma?'

Rosa shuō: 'Milo, nǐ kàn, shìbúshì Wáng lǎoshī?'

Wáng lǎoshī zài zhōngwén shètuán

儿。 她 很 高兴。 在 中文 社团 那儿 的 人 很多。 Milo 跟 他的 朋友 去 中文 社团 那儿 看看。

王 老师 跟 他们 说："Rosa、 Harold, 你们 好。 你们 想 不 想 看一看? 我们 的 中文 社团 很 好玩。"

Harold 说："老师 好！"

Rosa 说："中文 社团 很 酷！ Milo, 你 喜欢 吗？"

Milo 看了看 她。 他 看了 看 王 老师。 但是 他 什么 都 不 说。

Harold 不 高兴。 他 跟 王 老师 说："Milo 不 喜欢 中文 社团。 Milo 说 Barvard School 的 社团 都 不酷。 没办法！"

nà'er. Tā hěn gāoxìng. Zài zhōngwén
shètuán nà'er de rén hěn duō. Milo gēn tā
de péngyǒu qù zhōngwén shètuán nà'er
kàn kàn.

Wáng lǎoshī gēn tāmen shuō: 'Rosa,
Harold, nǐmen hǎo. Nǐmen xiǎng bù
xiǎng kàn yī kàn? Wǒmen de zhōngwén
shètuán hěn hǎowán.'

Harold shuō: 'Lǎoshī hǎo!'

Rosa shuō: 'Zhōngwén shètuán hěn
kù! Milo, nǐ xǐhuān ma?'

Milo kànle kàn tā. Tā kànle kàn
Wáng lǎoshī. Dànshì tā shénme dōu bù
shuō.

Harold bù gāoxìng. Tā gēn Wáng
lǎoshī shuō: 'Milo bù xǐhuān zhōngwén
shètuán. Milo shuō Barvard School de
shètuán dōu bù kù. Méi bànfǎ!'

Milo 说："我 没有 - - "

Rosa 跟 Milo 说："Pet-Club 你 不 喜欢。 XBox 社团 你 也 不 喜欢。

中文 社团 你 也 不 喜欢。你 很 麻烦！ 你 说！ 你 喜欢 什么 社 团？"

Milo 什么 都 不说。 他 不 看 他 的 两 个 朋友。 他 看 一 个 社团。 是 机器人 社 团！

Rosa 和 Harold 看了看 Milo。 他们 也 看了看 机器 人 社团。

"Milo! 机器人 社团 吗？ ！"

Milo shuō: 'Wǒ méiyǒu --'

Rosa gēn Milo shuō: 'PetClub nǐ bù

xǐhuān. XBox shètuán

nǐ yě bù xǐhuān.

Zhōngwén shètuán

nǐ yě bù xǐhuān. Nǐ

hěn máfan! Nǐ shuō! Nǐ xǐhuān shénme

shètuán?'

Milo shénme dōu bù shuō. Tā bù

kàn tā de liǎng gè péngyǒu. Tā kàn yīgè

shètuán. Shì jīqìrén shètuán!

Rosa hé Harold kànle kàn Milo.

Tāmen yě kànle kàn jīqìrén shètuán.

'Milo! Jīqìrén shètuán ma?!'

'Milo! Jīqìrén shètuán shì Bell

"Milo! 机器人 社团 是 Bell 老师 的 社团。 她 很 麻烦！"

Milo 看 他 的 两 个 朋友。 他们 都 不 高兴。 但是 Milo 很 高兴 了。"你们 不 喜欢 机器人 吗？"

"喜欢，但是--"

"机器人 酷 不 酷? 你们 说！"

"机器人 酷，但是 --"

"机器人 好玩。 机器人 社团 好玩。 我们 去 机器人 社团！"

Rosa 看 了 看 Harold。 Harold 看 了 看 Rosa。 没办法！ 虽然 机器人 社团 的 老师 很 麻烦， Milo 喜欢 机器人 社团。"好的！ 我们 去 机器人 社团！"

lǎoshī de shètuán. Tā hěn máfan!'

Milo kàn tā de liǎng gè péngyǒu. Tāmen dōu bù gāoxìng. Dànshì Milo hěn gāoxìngle. 'Nǐmen bù xǐhuān jīqìrén ma?!'

'Xǐhuān, dànshì--'

'Jīqìrén kù bù kù? Nǐmen shuō!'

'Jīqìrén kù, dànshì --'

'Jīqìrén hǎowán. Jīqìrén shètuán hǎowán. Wǒmen qù jīqìrén shètuán!'

Rosa kànle kàn Harold. Harold kànle kàn Rosa. Méi bànfǎ! Suīrán jīqìrén shètuán de lǎoshī hěn máfan, Milo xǐhuān jīqìrén shètuán.'Hǎo de! Wǒmen qù jīqìrén shètuán!'

Chapter 3
Barvard Burgers,
anyone?

　　三 点 钟， Milo 很 高 兴。他 跟 两 个 朋 友 都 在 Bar-vard School 的 Barvateria。 在 Barvateria， 学 生 很 多。

　　"Rosa ！ Harold ！ 我 们 吃 一 个 Barvard Burger, 好 不 好？ "

　　"好 啊 ！" Harold 很 喜 欢 Barvard Burger, 所 以 他 很 高 兴。"Rosa， 你 要 不 要 吃？ "

Chapter 3
Barvard burgers, anyone?

Sān diǎn zhōng, Milo hěn gāoxìng. Tā gēn liǎng gè péngyǒu dōu zài Barvard School de Barvateria. Zài Barvateria, xuéshēng hěn duō.

'Rosa! Harold! Wǒmen chī yīgè Barvard Burger, hǎobù hǎo? '

'Hǎo a!' Harold hěn xǐhuān Barvard Burgers, suǒyǐ tā hěn gāoxìng. 'Rosa, nǐ yào bú yào chī?'

Rosa 不 想 吃 Barvard Burger。"Barvard Burger 不好吃！ Barvard Burger 的 肉 不 是 牛肉。"

Harold 说："不 是 牛肉 吗？ 谁 说 的？"

"是 Science Club 的 人 说 的。 他们 说，Barvard Burger 是 狗肉！"

Harold 看了看 Milo。"狗肉 吗？ Barvard Burger 不是 狗肉的。 很 好吃！你 说 我们 吃 Barvard Burger， 我 就 吃！"

Rosa 跟 他们 说："你们 两 个 人 在 Barfateria 吃 Barvard Burger 好了。 我 不 想 呕吐。 我 不 吃。"

Rosa bù xiǎng chī Barvard Burger. 'Barvard Burger bù hǎochī! Barvard Burger de ròu bú shì niúròu.'

Harold shuō: 'Bú shì niúròu ma? Sheí shuō de?'

'Shì Science Club de rén shuō de. Tāmen shuō, Barvard Burger shì gǒuròu!'

Harold kànle kàn Milo. 'Gǒuròu ma? Barvard Burger bú shì gǒuròu de. Hěn hǎochī! Nǐ shuō wǒmen chī Barvard Burger, wǒ jiù chī!'

Rosa gēn tāmen shuō: 'Nǐmen liǎng gè rén zài Barfateria chī Barvard Burger hǎo le. Wǒ bù xiǎng ǒutù. Wǒ bù chī.'

Milo 跟 Harold 都 看了看 Rosa 。"Barfeteria ! 哈哈 ! " 但是 他们 买 了 四 个 Barvard Burgers。

Rosa 不 高 兴。 Harold 跟 Milo 都 吃 Bar-vard Burgers。 Rosa 不吃。 Rosa 看 了 Harold 跟 Milo 吃。

Rosa 说:"我们 三 点 半 就要 去 机器人 社团。"

Milo 说:"几 点钟 了?"

Rosa 说:"三 点 二十五 了。 我们 去 吧 ! "

Harold 说:"但是 机器人 社团 是 Dr. Bell 的 社团。 她

Milo gēn Harold dōu kànle kàn Rosa. 'Barfeteria! Hāhā!' Dànshì tāmen mǎile sì gè Barvard Burgers.

Rosa bù gāoxìng. Harold gēn Milo dōu chī Barvard Burgers. Rosa bù chī. Rosa kànle Harold gēn Milo chī.

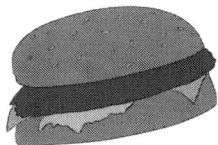

Rosa shuō: 'Wǒmen sān diǎn bàn jiù yào qù jīqìrén shètuán.'

Milo shuō: 'Jǐ diǎn zhōng le?'

Rosa shuō: 'Sān diǎn èrshíwǔ le. Wǒmen qù ba!'

Harold shuō: 'Dànshì jīqìrén shètuán shì Dr. Bell de shètuán. Tā

很 不好。 去 机器人 社团 的
学生 都 说， 她 很 不酷。 她
不 喜欢 学生。"

　　Milo 说："但是， 机器人
很酷！ 我 爸爸 说， 他 要 买
一 个 机器人。 机器人 很酷！
我们 去 看看， 好不好？ "

　　Rosa 说："三 点 二十八
了！ 我们 去 看看 吧！"

hěn bù hǎo. Qù jīqìrén shètuán de xuéshēng dōu shuō, tā hěn bú kù. Tā bù xǐhuān xuéshēng.'

Milo shuō: 'Dànshì, jīqìrén hěn kù! Wǒ bàba shuō, tā yāo mǎi yī gè jīqìrén. Jīqìrén hěn kù! Wǒmen qù kàn kàn, hǎobù hǎo? '

Rosa shuō: 'Sān diǎn èrshíbā le! Wǒmen qù kàn kàn ba!'

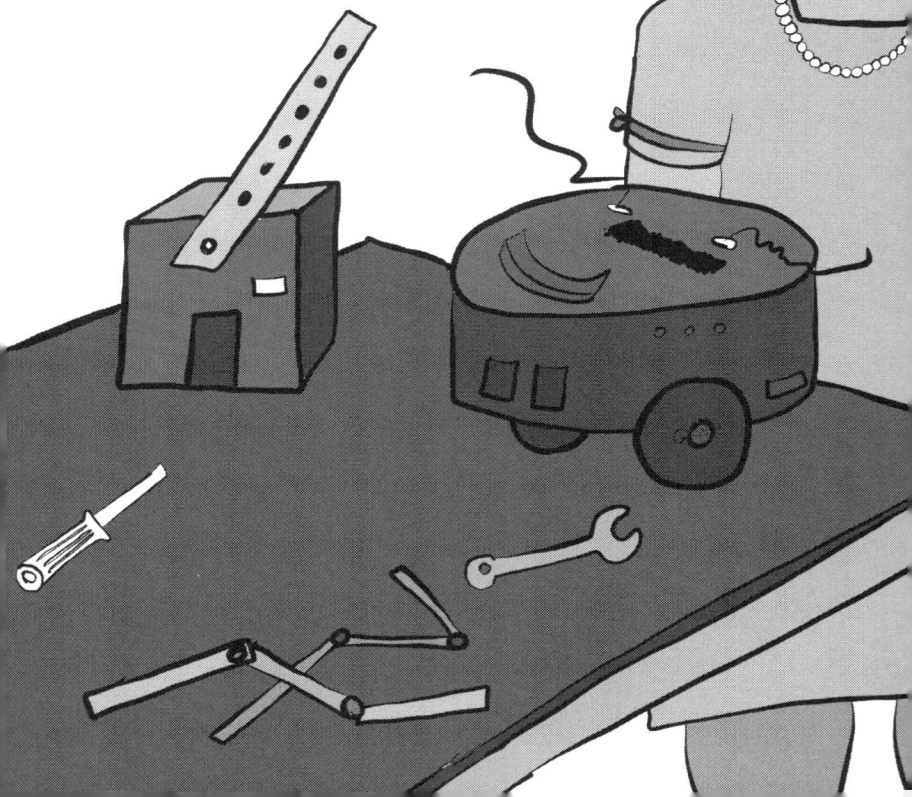

Chapter 9
Mrs Bell's Robotics Club

Milo 跟 他 两 个 朋友 都 去 机器人 社团 那儿。在 社 团 的 学生 很多。Milo 跟 他 的 朋友 看了看 社团 的 学 生。

Harold 说：“机器人 的 社 团 很大！学生 很多！”

Rosa 说：“不是 因为 Bell 老师 好。我 不 喜欢 她！是 因为 机器人 的 社团 要 去 比

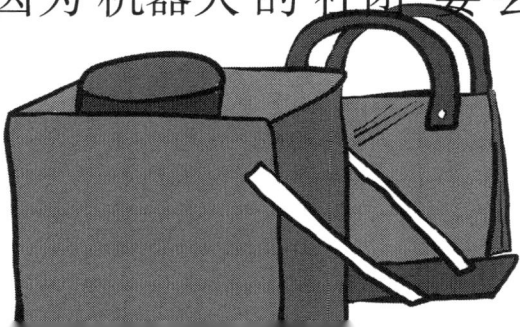

Chapter 4
Mrs.
Bell's
Robotics
Club

Milo gēn tā liǎng gè péngyǒu dōu qù jīqìrén shètuán nà'er. Zài shètuán de xuéshēng hěn duō. Milo gēn tā de péngyǒu kànle kàn shètuán de xuéshēng.

Harold shuō: 'Jīqìrén de shètuán hěn dà! Xuéshēng hěn duō!'

Rosa shuō: 'Bú shì yīnwèi Bell lǎoshī hǎo. Wǒ bù xǐhuān tā! Shì yīnwèi jīqìrén de shètuán yào

赛！大家 都 喜欢 比赛。 机器人 的 比赛 很好玩。"

Bell 老师 说："大家 好！我 是 Bell 老师。 人 很 多！很 好！我们 要 赢！Barvard 要 给 我 很多 钱！"

Rosa 跟 她 说："赢 什么？ Barvard 为什么 要 给 你 钱？ "

Bell 老师 说："啊，对了，对了，我 是 说，Barvard 给 机器人 社团 很 多 钱！因为 机器人 社团 要 赢 比赛！ 三 个 学生 要 去 Monkey's Eyebrow 比赛！ 三 个 学生！我 要 看，我 喜欢 谁！我 喜欢 的 学生 要 去 比

qù bǐsài! Dàjiā dōu xǐhuān bǐsài.
Jīqìrén de bǐsài hěn hǎowán.'

Bell lǎoshī shuō: 'Dàjiā hǎo!
Wǒ shì Bell lǎoshī. Rén hěn duō!
Hěn hǎo! Wǒmen yào yíng! Barvard
yào gěi wǒ hěn duō qián!'

Rosa gēn tā shuō: 'Yíng
shénme? Barvard wèishéme yào gěi
nǐ qián? '

Bell lǎoshī shuō: 'A, duìle,
duìle, wǒ shì shuō, Barvard gěi
jīqìrén shètuán hěn duō qián!
Yīnwèi jīqìrén shètuán yào yíng
bǐsài! Sān gè xuéshēng yào qù
Monkey's Eyebrow bǐsài! Sān gè
xuéshēng! Wǒ yào kàn, wǒ xǐhuān

赛！我 不 喜欢 的 学生 不 去
比赛！"她 看了看 学生。" 大
家 说 我 好看 吗？"

Milo 看了看
Harold。 为什么
Bell 老师 要 学生
说 她 好看？ 学
生 都 没有 说 "好
看！"。

Bell 老师 不 高兴 了。"你
们 在 我 的 社团！ 你们 要 去
比赛 吗？ 要 去 比赛 的 人 要
说 我 好看！"

Harold 说："Aaaaaaaaa!"

Rosa 跟 Harold 说："你
还好 吗？"

Harold 说："我 要 呕吐
了！"

shéi! Wǒ xǐhuān de xuéshēng
yào qù bǐsài! Wǒ bù xǐhuān de
xuéshēng bú qù bǐsài!' Tā kànle kàn
xuéshēng. 'Dàjiā
shuō wǒ hǎokàn
ma?'

Milo kànle
kàn Harold. Wèishéme Bell lǎoshī
yào xuéshēng shuō tā hǎokàn?
Xuéshēng dōu méiyǒu shuō
'Hǎokàn!'.

Bell lǎoshī bù gāoxìng
le.'Nǐmen zài wǒ de shètuán!
Nǐmen yào qù bǐsài ma? Yào qù
bǐsài de rén yào shuō wǒ hǎokàn!'

Harold shuō: 'Aaaaaaaaa!'

Rosa gēn Harold shuō: 'Nǐ

Milo 说："我 也 是！"

Bell 老师 说："你们 - 你们 - 你们 为什么 呕吐？ 我 很 不 喜欢 呕吐 的 学生！"

Rosa 说："是 因为 Barvard Burgers 是 狗肉 的！"

Bell 老师 说："我的 社团 是 机器人 社团！ 不是 呕吐 社团！ 你们 三 个 人 不 好！"

háihǎo ma?'

      Harold shuō: 'Wǒ yào ǒutù le!'

      Milo shuō: 'Wǒ yě shì!'

      Bell lǎoshī shuō: 'Nǐmen - nǐmen - nǐmen wèishéme ǒutù? Wǒ hěn bù xǐhuān ǒutù de xuéshēng!'

      Rosa shuō: 'Shì yīnwèi Barvard Burgers shì gǒuròu de!'

      Bell lǎoshī shuō: 'Wǒ de shètuán shì jīqìrén shètuán! Bú shì ǒutù shètuán! Nǐmen sān gè rén bù hǎo! '

Chapter 5

Where's the Cash?

三个朋友在 Rosa 的家。他们都喜欢去 Rosa 的家，因为 Rosa 的妈妈都给他们好吃的东西。

Rosa 跟他的两个朋友说："有 Oreos，你们想不想吃？"

Milo 和 Harold 都说："想！"

Chapter 5

Where's the Cash?

Sān gè péngyǒu zài Rosa de jiā.

Tāmen dōu xǐhuān qù Rosa de jiā, yīnwèi

Rosa de māmā dōu gěi tāmen hǎochī de

dōngxī.

Rosa gēn tā de liǎng gè péngyǒu

shuō: 'Yǒu Oreos, nǐmen xiǎng bù xiǎng

chī?'

Milo hé Harold dōu shuō: 'Xiǎng!'

Milo 说:"你们 看, 机器人 的 社团 要 去 Monkey's Eyebrow 比赛! 不是 很 好 吗? 我 很 想 去!"

Harold 吃了 三 个 Oreo。"我 也 是! 去 跟 你们 比赛 很好!"

Rosa 看了看 两个 朋友。"有 一个 很大的 麻烦。 Bell 老师 说, 机器人 社团 没有 钱。 去 Monkey's Eyebrow 比 赛 要 钱。"Rosa 吃 了 一 个 Oreo。

Milo 吃了 一个 Oreo。 "钱。 钱。 钱 都 很 麻烦!"

Harold 说:"不是。 没有

Milo shuō: 'Nǐmen kàn, jīqìrén de shètuán yào qù Monkey's Eyebrow bǐsài! Bú shì hěn hǎo ma? Wǒ hěn xiǎng qù!'

Harold chīle sān gè Oreo. 'Wǒ yěshì! Qù gēn nǐmen bǐsài hěn hǎo!'

Rosa kànle kàn liǎng gè péngyǒu. 'Yǒu yīgè hěn dà de máfan. Bell lǎoshī shuō, jīqìrén shètuán méiyǒu qián. Qù Monkey's Eyebrow bǐsài yào qián.' Rosa chīle yīgè Oreo.

Milo chīle yīgè Oreo. 'Qián. Qián. Qián dōu hěn máfan!'

Harold shuō: 'Bú shì. Méiyǒu qián

钱 很 麻烦。 钱 不 麻烦。"

Milo 说："为什么 机器人
社团 没有 钱 了? Bell 老师
说, Barvard 给
机器人 社团 很
多 钱 。"

Harold 说："对了。 为什
么 机器人 社团 没有 钱 了?"

Milo 说："我 不 喜欢 Bell
老师。 她 都 要 我们 说 她 好
看。 但是 她 不 好看 !"

Rosa 说："没办法 ! 没
有 钱 就 没有 钱。 我们 要 想

hěn máfan. Qián bù máfan.'

Milo shuō: 'Wèishéme jīqìrén

shètuán méiyǒu qián

le? Bell lǎoshī shuō,

Barvard gěi jīqìrén

shètuán hěn duō qián.'

Harold shuō: 'Duìle. Wèishéme

jīqìrén shètuán méiyǒu qián le?'

Milo shuō: 'Wǒ bù xǐhuān Bell

lǎoshī. Tā dōu yào wǒmen shuō tā

hǎokàn. Dànshì tā bù hǎokàn!'

Rosa shuō: 'Méi bànfǎ! Méiyǒu

一想。谁有钱？谁有很多钱？"

三个朋友想了想。

Harold 说："校长有很多钱，因为他是校长。"

Milo 说："对了！他的钱很多。他的家很大。我们跟校长要钱，好吗？"

Rosa 说："跟校长要钱？谁要去跟他要钱？"

三个人都说："我不想去！"

他们想了想。Milo 吃了五个 Oreos。"一个清理机器人！"

qián jiù méiyǒu qián. Wǒmen yào xiǎng
yī xiǎng. Shéi yǒu qián? Shéi yǒu hěn
duō qián?'

Sān gè péngyǒu xiǎng le xiǎng.

Harold shuō: 'Xiàozhǎng yǒu hěn
duō qián, yīnwèi tā shì xiàozhǎng.'

Milo shuō: 'Duìle! Tā de qián
hěn duō. Tā de jiā hěn dà. Wǒmen gēn
xiàozhǎng yào qián, hǎo ma?'

Rosa shuō: 'Gēn xiàozhǎng yào
qián? Shéi yào qù gēn tā yào qián?'

Sān gèrén dōu shuō: 'Wǒ bù xiǎng
qù!'

Tāmen xiǎng le xiǎng. Milo chīle
wǔ gè Oreos. 'Yīgè qīnglǐ jīqìrén!'

"一个 清理 机器人？"

"有钱 的人 都 不 喜欢 清理。校长 的 家 很 大。我们去 校长 的 家。我们 跟 校长说，我们 的 清理 机器人 会清理 他的家。他 会 给 我们很多 钱！"

"一个 清理 的 机器人 很好！机器人 社团 会 有 很多钱 了！"

"Bell 老师 会 喜欢 我们了！她 会 跟 我们 说"我 要你们 去 比赛 ！"

'Yīgè qīnglǐ jīqìrén?'

'Yǒu qián de rén dōu bù xǐhuān qīnglǐ. Xiàozhǎng de jiā hěn dà. Wǒmen qù xiàozhǎng de jiā. Wǒmen gēn xiàozhǎng shuō, wǒmen de qīnglǐ jīqìrén huì qīnglǐ tā de jiā. Tā huì gěi wǒmen hěn duō qián!'

'Yīgè qīnglǐ de jīqìrén hěn hǎo! Jīqìrén shètuán huì yǒu hěn duō qián le!'

'Bell lǎoshī huì xǐhuān wǒmen le! Tā huì gēn wǒmen shuō "Wǒ yào nǐmen qù bǐsài!"'

Chapter 6
A Clean Sweep?

三个朋友在校长的家。校长的家很大。他有六只狮子狗。

Rosa 说："你看校长的狗！很好看！很可爱！"

Milo 说："我不喜欢狗。我不想清理校长的家，因为他的狗很多。他的家不好清理！"

Chapter 6

A Clean Sweep?

Sān gè péngyǒu zài xiàozhǎng de jiā. Xiàozhǎng de jiā hěn dà. Tā yǒu liù zhī shīzigǒu.

Rosa shuō: 'Nǐ kàn xiàozhǎng de gǒu! Hěn hǎokàn! Hěn kě'ài!'

Milo shuō: 'Wǒ bù xǐhuān gǒu. Wǒ bù xiǎng qīnglǐ xiàozhǎng de jiā, yīnwèi tā de gǒu hěn duō. Tā de jiā bù hǎo qīnglǐ!'

Harold 说："没办法！我们 要 钱！机器人 社团 要 钱！"

Rosa 说："Milo，不是 你 要 清理 校长 的 家。机器人 会 清理 校长 的 家。"

Harold 说："对了！我们 不 清理！机器人 清理。我们 去 吃 Barvard Burgers，好 不好？"

Milo 说："好！"

Rosa 说："你们 喜欢 呕吐 吗？我 不 想 -- 校长 好！"

校长 看了看 他们。他 不 高兴。"我 要 去 Mal-Wart。你们 为什么 在 我的 家？"

Harold shuō: 'Méi bànfǎ! Wǒmen yào qián! Jīqìrén shètuán yào qián!'

Rosa shuō: 'Milo, bú shì nǐ yào qīnglǐ xiàozhǎng de jiā. Jīqìrén huì qīnglǐ xiàozhǎng de jiā. '

Harold shuō: 'Duìle! Wǒmen bù qīnglǐ! Jīqìrén qīnglǐ. Wǒmen qù chī Barvard Burgers, hǎobù hǎo?'

Milo shuō: 'Hǎo!'

Rosa shuō: 'Nǐmen xǐhuān ǒutù ma? Wǒ bù xiǎng -- xiàozhǎng hǎo!'

Xiàozhǎng kànle kàn tāmen. Tā bù gāoxìng. 'Wǒ yào qù Mal-Wart. Nǐmen wèishéme zài wǒ de jiā?'

Milo 说："我们 在 你的
家， 因为 我们 要 看， 你的
家 要不要 清理。"

"我的 家 要不
要 清理 ？ 你们
为什么 --"

Harold 说 ："
你 喜欢 不 喜欢 清理 ？"

"我 喜欢 清理 吗 ？ 不喜
欢 ！ 谁 都 不 喜欢 清理。 但
是 你们--"

Rosa 看了看 Milo 和 Har-
old。 她 不 高兴。 她 跟 校长
说："机器人 社团 要 清理 你
的 家。"

校长 看了看 Rosa。"你们

Milo shuō:'Wǒmen zài nǐ de jiā, yīnwèi wǒmen yào kàn, nǐ de jiā yào bú yào qīnglǐ.'

'Wǒ de jiā yào bú yào qīnglǐ? Nǐmen wèishéme --'

Harold shuō: 'Nǐ xǐhuān bù xǐhuān qīnglǐ?'

'Wǒ xǐhuān qīnglǐ ma? Bù xǐhuān! Shéi dōu bù xǐhuān qīnglǐ. Dànshì nǐmen--'

Rosa kànle kàn Milo hé Harold. Tā bù gāoxìng. Tā gēn xiàozhǎng shuō: 'Jīqìrén shètuán yào qīnglǐ nǐ de jiā.'

Xiàozhǎng kànle kàn Rosa. 'Nǐmen

有 机器人 吗 ？"

三个 朋友 说 ："有 ！ 你 看 ！"校长 看了看 机器人。

"机器人 不 大。 小的 机器 人 会 清理 我的 家 吗 ？"

"会 ！"

校长 说 ："好。"三 个 朋 友 都 很 高兴 ！

Harold 说 ："但是 你 要 给 我们 五十 块钱。 我们 要 钱， 因为 机器人 的 社团 要 去 Monkey's Eyebrow 比赛 ！"

校长 说 ："但是， Barvard 给 机器人 社团 很 多 钱 ！ 你 们 为什么 没有 钱 去 Mon-key's Eyebrow 比赛 ？"

yǒu jīqìrén ma?'

Sān gè péngyǒu shuō: 'Yǒu! Nǐ kàn!' Xiàozhǎng kànle kàn jīqìrén.

'Jīqìrén bú dà. Xiǎo de jīqìrén huì qīnglǐ wǒ de jiā ma?'

'Huì!'

Xiàozhǎng shuō: 'Hǎo.' Sān gè péngyǒu dōu hěn gāoxìng!

Harold shuō: 'Dànshì nǐ yào gěi wǒmen wǔshí kuài qián. Wǒmen yào qián, yīnwèi jīqìrén de shètuán yào qù Monkey's Eyebrow bǐsài!'

Xiàozhǎng shuō: 'Dànshì, Barvard gěi jīqìrén shètuán hěn duō qián! Nǐmen wèishéme méiyǒu qián qù Monkey's Eyebrow bǐsài?'

Milo 说："Bell 老师 说 - - "

Rosa 说："校长，你 要不要 我们 的 机器人 清理 你的家 ？"

校长 不 高兴， 但是 他 跟 Harold 说："好， 你们的 机器人 清理 我的 家， 我 就 给 你们 五十 块钱。"

"好！ 你 去 买 东西。 机器人 就 会 清理 你的 家 ！"

Milo shuō: 'Bell lǎoshī shuō --'

Rosa shuō: 'Xiàozhǎng, nǐ yào
bùyào wǒmen de jīqìrén qīnglǐ nǐ de jiā?'

Xiào cháng bù gāoxìng, dànshì tā
gēn Harold shuō: 'Hǎo, nǐmen de jīqìrén
qīnglǐ wǒ de jiā, wǒ jiù gěi nǐmen wǔshí
kuài qián. '

'Hǎo! Nǐ qù mǎi dōngxī. Jīqìrén jiù
huì qīnglǐ nǐ de jiā!'

Chapter 7
I Have to Kiss Who?

Milo 和 Harold 说：“不是 我们 的 错！”

“不是 你们 的 错 吗？不 是 你们 的 错，就是 谁的 错？是 你们 说 机器人 清理 的时候，我们 就 去 吃 Bar-vard Burger。”

Rosa 很 不 高兴。她 不 高兴，因为 机器人 清理 校长

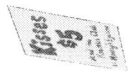

Chapter 7

I Have To Kiss Who?

Milo hé Harold shuō: 'Bú shì
wǒmen de cuò!'

'Bú shì nǐmen de cuò ma? Bú shì
nǐmen de cuò, jiùshì shéi de cuò? Shì
nǐmen shuō jīqìrén qīnglǐ de shíhòu,
wǒmen jiù qù chī Barvard Burger. '

Rosa hěn bù gāoxìng. Tā bù
gāoxìng, yīnwèi jīqìrén qīnglǐ xiàozhǎng
de jiā de shíhòu, jīqìrén yě guāle liù zhī

的 家 的时候，机器人 也 刮 了 六只 狮子狗 的 毛。 狮子 狗 都 很 不 好看 了！

"校长 很 生气！ 六只狗 都 很 不 好看 了！ 因为 校长 很 生气，所以 他 不 给 我们 钱！ 因为 他 很 生气，我们 要 给 他 钱！ 我们 没办法 去 Monkey's Eyebrow 比赛！ 都 是 你们 的 错，因为 机器人 清理 的时候，你们 在 Barva-teria 吃 Barvard Burgers！"

Harold 说："校长 要 我们 给 他 钱，但是 我们 没有。 怎么办？"

Milo 说："我 知道 了！

shīzigǒu de máo. Shīzigǒu dōu hěn bù hǎokàn le!

'Xiàozhǎng hěn shēngqì! Liù zhī gǒu dōu hěn bù hǎokàn le! Yīnwèi xiàozhǎng hěn shēngqì, suǒyǐ tā bù gěi wǒmen qián! Yīnwèi tā hěn shēngqì, wǒmen yào gěi tā qián! Wǒmen méi bànfǎ qù Monkey's Eyebrow bǐsài! Dōu shì nǐmen de cuò, yīnwèi jīqìrén qīnglǐ de shíhòu, nǐmen zài Barvateria chī Barvard Burgers!'

Harold shuō: 'Xiàozhǎng yào wǒmen gěi tā qián, dànshì wǒmen méiyǒu. Zěnme bàn?'

Milo shuō: 'Wǒ zhīdào le! Hěn

很多 人 喜欢 Harold。 女孩子 喜欢 他。 男孩子 喜欢 他。 老师 喜欢 他。 狗 和 猫 也 喜欢 他。 很 多人 都 想 亲吻 Harold！ Harold 要 亲吻 人！ 人 会 给 我们 很多 钱， 因为 他 们 都 要 Harold 亲吻 他们！ "

Harold 说："但是 我 不 想 亲吻 人！ 我 不 想 亲吻 狗 和 猫！"

Rosa 说："你 想 去 Monkey's Eyebrow， 不 是 吗？"

Harold 说："是的， 我

duō rén xǐhuān Harold. Nǚháizi xǐhuān

tā. Nánháizi xǐhuān tā. Lǎoshī xǐhuān

tā. Gǒu hé māo yě xǐhuān tā. Hěn duō

rén dōu xiǎng qīnwěn

Harold! Harold yào

qīnwěn rén! Rén huì

gěi wǒmen hěn duō

qián, yīnwèi tāmen dōu yào Harold

qīnwěn tāmen! '

Harold shuō: 'Dànshì wǒ bù xiǎng

qīnwěn rén! Wǒ bù xiǎng qīnwěn gǒu hé

māo!'

Rosa shuō: 'Nǐ xiǎng qù Monkey's

Eyebrow, bú shì ma?'

Harold shuō: 'Shì de, wǒ xiǎng qù

想 去 Monkey's Eyebrow。我
很 想 去 机器人 的 比赛。"

　　Milo 跟 他 说："你 亲吻
人 和 狗 和 猫，我们 就 有
钱 了。你 不 亲吻 人 和 狗
和 猫，我们 就 没有 钱 给 校
长。我们 没有 钱 去 Mon-
key's Eyebrow 比赛。所以，
你 会 亲吻 人 吗？"

　　Harold 很 不 高兴。"好
的，我 会 亲吻 人。"

　　Rosa 说："你 也 会 亲吻
狗 和 猫 吗？"

　　Harold 说："我 不 想要
--"

　　Milo 说："社团 要 钱。

Monkey's Eyebrow. Wǒ hěn xiǎng qù

jīqìrén de bǐsài.'

Milo gēn tā shuō: 'Nǐ qīnwěn rén hé

gǒu hé māo, wǒmen jiù yǒu qián le. Nǐ

bù qīnwěn rén hé gǒu hé māo, wǒmen

jiù méiyǒu qián gěi xiàozhǎng. Wǒmen

méiyǒu qián qù Monkey's Eyebrow bǐsài.

Suǒyǐ, nǐ huì qīnwěn rén ma?'

Harold hěn bù gāoxìng. 'Hǎo de, wǒ

huì qīnwěn rén. '

Rosa shuō: 'Nǐ yě huì qīnwěn gǒu

hé māo ma? '

Harold shuō: 'Wǒ bù xiǎngyào --'

Milo shuō: 'Shètuán yào qián.

校长 也 要 钱！我们 没有 钱 都是 你的 错，所以 你 要 亲 吻 狗 和 猫！"

"但是 不是 我 一 个 人 -- "

Rosa 和 Milo 看了看 Harold。"想 不 想 去 比赛？"

Harold 不 高兴，但是 他 说："好。我 也 会 亲吻 狗 和 猫。"

Xiàozhǎng yě yào qián! Wǒmen méiyǒu
qián dōu shì nǐ de cuò, suǒyǐ nǐ yào
qīnwěn gǒu hé māo!'

  'Dànshì bú shì wǒ yīgè Pinyrén --'

  Rosa hé Milo kànle kàn Harold.

'Xiǎng bù xiǎng qù bǐsài?'

  Harold bù gāoxìng, dànshì tā shuō:

'Hǎo. Wǒ yě huì qīnwěn gǒu hé māo.'

Chapter 8

Road Trip

"我们 要 去 Monkey's Eyebrow 了！我们 要 比赛！"

三 个 朋友 都 很 高兴。社团 有 钱 了！但是 社团 有 钱，不是 因为 很多 人 都 想要 亲吻 Harold，也 不是 因为 Harold 亲吻 了 很多 狗 和 猫。没有 人 要 亲吻 Harold！但是 很 多 人 都 想要 亲吻 机器人，所以 机 器人 社团 就 有 很多 钱 了！

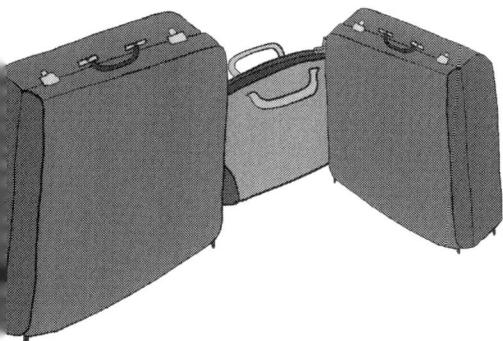

Chapter 8

Road Trip!

'Wǒmen yào qù Monkey's
Eyebrowle! Wǒmen yào bǐsài!'

Sān gè péngyǒu dōu hěn gāoxìng.
Shètuán yǒu qián le! Dànshì shètuán
yǒu qián, bùshì yīnwèi hěn duō rén dōu
xiǎngyào qīnwěn Harold, yě bùshì yīnwèi
Harold qīnwěn le hěnduō gǒu hé māo.
Méiyǒu rén yào qīnwěn Harold! Dànshì
hěnduō rén dōu xiǎngyào qīnwěn jīqìrén,
suǒyǐ jīqìrén shètuán jiù yǒu hěnduō qián
le!

Bell 老师 不高兴。"我们 没有 钱 坐 Amtrak。 我们 要 坐 我的 车。 不 要 呕吐，好不好？"

Milo 说："但是 我们 给了 社团 很 多 钱！"

Harold 说："对了，没有 人 想 亲吻 我，但是 很 多 人 都 亲吻 了 机 器人！钱 很 多！"

Bell 老师 说："机器人 社团 的 钱 不 多。 我们 要 坐 我的 车 去 Monkey's Eyebrow。"

Milo 和 他的 朋友 不 高兴。 虽然 Bell 老师 是 机器人 社团 的 老师，但 是 他们 不 喜欢 她。 他们 给了 机器 人 社团 很 多 钱，但是 Bell 老师 说， 社团 没有 很 多 钱。 社团 的 钱 在 哪 儿？

Bell lǎoshī bù gāoxìng. 'Wǒmen méiyǒu qián zuò Amtrak. Wǒmen yào zuò wǒ de chē. Búyào ǒutù, hǎobù hǎo?'

Milo shuō: 'Dànshì wǒmen gěile shètuán hěnduō qián!'

Harold shuō: 'Duìle, méiyǒu rén xiǎng qīnwěn wǒ, dànshì hěnduō rén dōu qīnwěnle jīqìrén! Qián hěnduō!'

Bell lǎoshī shuō: 'Jīqìrén shètuán de qián bù duō. Wǒmen yào zuò wǒ de chē qù Monkey's Eyebrow.'

Milo hé tā de péngyǒu bù gāoxìng. Suīrán Bell lǎoshī shì jīqìrén shètuán de lǎoshī, dànshì tāmen bù xǐhuān tā. Tāmen gěile jīqìrén shètuán hěnduō qián, dànshì Bell lǎoshī shuō, shètuán méiyǒu hěnduō qián. Shètuán de qián zài nǎ'er?

Harold 跟 Milo 说："我 不 喜欢 Bell 老师 的 车。 很 吵！"

Milo 说："我 看， 她的 车 不 好， 所以 很 吵。"

Rosa 说："我们 听 音乐， 好吗？"

但是 他们 不 喜 欢 Bell 老师 的 音乐。 不 好听！

Milo 说："为什么 Bell 老师 的 音乐 都 不 好 听？"

Bell 老师 说："不要 吵！ 我 要 听 音乐！ 你们 说 什么？"

Rosa 说："没有。"她 看了看 Milo。"Bell 老师 会 生气。"

Bell 老师 说："你们 看"School Robotics Today"， 好 不 好？ 你们 要 赢！"

Harold gēn Milo shuō: 'Wǒ bù xǐhuān Bell lǎoshī de chē. Hěn chǎo!'

Milo shuō: 'Wǒ kàn, tā de chē bù hǎo, suǒyǐ hěn chǎo.'

Rosa shuō: 'Wǒmen tīng yīnyuè, hǎo ma? '

Dànshì tāmen bù xǐhuān Bell lǎoshī de yīnyuè. Bù hǎotīng!

Milo shuō: 'Wèishéme Bell lǎoshī de yīnyuè dōu bù hǎotīng?'

Bell lǎoshī shuō: 'Búyào chǎo! Wǒ yào tīng yīnyuè! Nǐmen shuō shénme?'

Rosa shuō: 'Méiyǒu.' Tā kànle kàn Milo. 'Bell lǎoshī huì shēngqì.'

Bell lǎoshī shuō: 'Nǐmen kàn *School Robotics Today*, hǎobùhǎo? Nǐmen yào yíng!'

Harold 说："但是 坐车 看"School Robotics Today" 我 会 呕吐--"

Bell 老师 说："不 要 呕吐！ 但是 你们 要 赢！ 你们 看"School Robotics Today"!"

Milo、Rosa 和 Harold 都 看 "School Robotics Today"。 "Robotics Today" 说， 在 Monkey's Eyebrow 的 比赛 很 大。 很多 人 都 要 去 比赛。

"你看！ Central Academy 的 机器 人 很 好！ 他们 要不要 去 Monkey's Eyebrow 比赛 ？"

"Central Academy 的 机器人 好 吗 ？ 我们的 机器人 比 他们的 机器人 好 。"

"但是--"

砰砰砰！ 砰砰砰！ 砰--砰--砰…

"不是 Bell 老师 的 音乐 吧！"

Harold shuō: 'Dànshì zuòchē kàn "School Robotics Today" wǒ huì ǒutù--'

Bell lǎoshī shuō: 'Bùyào ǒutù! Dànshì nǐmen yào yíng! Nǐmen kàn *School Robotics Today*!'

Milo, Rosa hé Harold dōu kàn *School Robotics Today. School Robotics Today* shuō, zài Monkey's Eyebrow de bǐsài hěn dà. Hěnduō rén dōu yào qù bǐsài.

'Nǐ kàn! Central Academy de jīqìrén hěn hǎo! Tāmen yào bú yào qù Monkey's Eyebrow bǐsài?'

'Central Academy de jīqìrén hǎo ma? Wǒmen de jīqìrén bǐ tāmen de jīqìrén hǎo.'

'Dànshì--'

Pēng pēng pēng! Pēng pēng pēng! Pēng--pēng--pēng...

'Bú shì Bell lǎoshī de yīnyuè ba!'

Chapter 9

Fix-A-Wreck

"我的车怎么了？"Bell 老师 不高兴。他们 在 Mid-Continent Rest Stop。但是，Bell 老师 的 车 不行了。"你们 - - "

Harold 说："不是 我们！是 你的 车 不好！"

Bell 老师 很 生气 了。"你 为什么 说 我 的 车 不好？在 Barvard 的 时候，我 的 车 很 好。但是 你们 坐 我 的 车 的 时候 - - "

Chapter 9

Fix-A-Wreck

'Wǒ de chē zěnme le?' Bell lǎoshī bù gāoxìng. Tāmen zài Mid-Continent Rest Stop. Dànshì, Bell lǎoshī de chē bùxíng le. 'Nǐmen --'

Harold shuō: 'Bùshì wǒmen! Shì nǐ de chē bù hǎo!'

Bell lǎoshī hěn shēngqìle. 'Nǐ wèishéme shuō wǒ de chē bù hǎo? Zài Barvard de shíhòu, wǒ de chē hěn hǎo. Dànshì nǐmen zuò wǒ de chē de shíhòu--'

Rosa 说："没关系！机器人 社团 有 钱。"

Bell 老师 看了看 她。"社团 有 什么 钱？没有！你们 要 去 比赛。你们 要 想 办法！"

Milo 跟 Harold 说："Bell 老师 生气 了。"

Harold 说："是的！她的 车 不 好。我们 怎么 去 Monkey's Eyebrow? 她的 车 不行！我们 为什么 要 坐 她的 车？"

Rosa 说："她 为什么 都 说，机器人 社团 没有 钱？我们 给 了 社团 很 多 钱。在 Mid-Continent Rest Stop 有 Fix-A-Wreck。我们 去 Fix-A-Wreck 看看 吧！"

Bell 老师 说："不行！我们 没有 钱 去 Fix-A-Wreck。"

Rosa shuō: 'Méiguānxì! Jīqìrén shètuán yǒu qián.'

Bell lǎoshī kànle kàn tā. 'Shètuán yǒu shénme qián? Méiyǒu! Nǐmen yào qù bǐsài. Nǐmen yào xiǎng bànfǎ!'

Milo gēn Harold shuō: `Bell lǎoshī shēngqì le.'

Harold shuō: `Shì de! Tā de chē bù hǎo. Wǒmen zěnme qù Monkey's Eyebrow? Tā de chē bùxíng! Wǒmen wèishéme yào zuò tā de chē?'

Rosa shuō: 'Tā wèishéme dōu shuō, jīqìrén shètuán méiyǒu qián? Wǒmen gěi le shètuán hěnduō qián. Zài Mid-Continent Rest Stop yǒu Fix-A-Wreck. Wǒmen qù Fix-A-Wreck kàn kàn ba!'

Bell lǎoshī shuō: 'Bùxíng! Wǒmen méiyǒu qián qù Fix-A-Wreck.'

"但是 机器人 社团 有 钱！"

Bell 老师 看了看 三 个 学生。"不行！"她 看了看 她的 iDroid X。她 很 不 高兴。"我 很 生气 了！都 是 你们 学生 的 不 好！我 去 Burger Queen 坐一坐。你们 要 想 办法！"

三 个 朋友 想了想。

Rosa 说："我们 怎么办？我们 要 去 Monkey's Eyebrow。

Harold 说："Bell 老师 怎么 有 钱 去 Burger Queen，但是 没有 钱 去 Fix-A-Wreck？"

Milo 说："没关系。Barvateria 的 Barvard Burgers 比 Burger Queen 好 吃。我 不 想 去 Burger Queen。"

'Dànshì jīqìrén shètuán yǒu qián!'

Bell lǎoshī kànle kàn sān gè xuéshēng. 'Bùxíng!' Tā kànle kàn tā de iDroid X. Tā hěn bù gāoxìng. 'Wǒ hěn shēngqì le! Dōu shì nǐmen xuéshēng de bù hǎo! Wǒ qù Burger Queen zuò yī zuò. Nǐmen yào xiǎng bànfǎ!'

Sān gè péngyǒu xiǎng le xiǎng.

Rosa shuō: `Wǒmen zěnme bàn? Wǒmen yào qù Monkey's Eyebrow.'

Harold shuō: 'Bell lǎoshī zěnme yǒu qián qù Burger Queen, dànshì méiyǒu qián qù Fix-A-Wreck?'

Milo shuō: `Méiguānxì. Barvateria de Barvard Burgers bǐ Burger Queen hào

Harold 跟他说："你看！有 Tennessee Fried Chicken! 我很想吃 Tennessee Fried Chicken!"

Rosa 很生气。"你们都要好好想一想！你们要去 Monkey's Eyebrow 比赛，不是吗？"

Milo 跟 Harold 不说 Burger Queen 和 Tennessee Fried Chicken 了。他们看了 Bell 老师的车。

Milo 说："我爸爸给我一个机器人。它在行李里面。我的行李在哪儿？"

Rosa 说："我们的行李都在行李箱里面。我们看看吧！"

Milo 的行李在行李箱里面。Milo 说："你看，机器人在行李里面！很好！在 Mid-Continent Rest Stop 的人也会喜欢亲吻机器人。他们会给我们钱。"

chī. Wǒ bù xiǎng qù Burger Queen.'

Harold gēn tā shuō: 'Nǐ kàn! Yǒu Tennessee Fried Chicken! Wǒ hěn xiǎng chī Tennessee Fried Chicken!'

Rosa hěn shēngqì. 'Nǐmen dōu yào hǎohāo xiǎng yī xiǎng! Nǐmen yào qù Monkey's Eyebrow bǐsài, bú shì ma?'

Milo gēn Harold bù shuō Burger Queen hé Tennessee Fried Chicken le. Tāmen kàn le Bell lǎoshī de chē.

Milo shuō: 'Wǒ bàba gěi wǒ yīgè jīqìrén. Tā zài xínglǐ lǐmiàn. Wǒ de xínglǐ zài nǎ'er?'

Rosa shuō: 'Wǒmen de xínglǐ dōu zài xínglǐ xiāng lǐmiàn. Wǒmen kàn kàn ba!'

Milo de xínglǐ zài xínglǐ xiāng lǐmiàn. Milo shuō: 'Nǐ kàn, jīqìrén zài xínglǐ lǐmiàn! Hěn hǎo! Zài Mid-Continent Rest Stop de rén yě huì xǐhuān qīnwěn jīqìrén. Tāmen huì gěi wǒmen qián.'

Harold 说："对了！我们 会 有 钱 去 Fix-A-Wreck 了！"

但是 Rosa 不 听 他们 说。 她 看 了 看 行李箱。"Milo! Harold! 你们 看 行 李箱 里面 有 什么！"

"行李箱 里面 有 什么？ 有 我们 的 行李，也 有 Bell 老师 的 行李，不 是 吗？"

Rosa 说："对了。 但是 在 行李箱 里面 也 有 很 多 钱！"

Milo 说："钱 吗？"

Harold 说："但是 Bell 老师 都 说，机器人 社团 没有 钱！"

Rosa 说："Bell 老师 偷 了 机器人 社团 的 钱！"

Harold shuō: 'Duìle! Wǒmen huì yǒu qián qù Fix-A-Wreck le!'

Dànshì Rosa bù tīng tāmen shuō. Tā kànle kàn xínglǐ xiāng. 'Milo! Harold! Nǐmen kàn xínglǐ xiāng lǐmiàn yǒu shénme!'

'Xínglǐ xiāng lǐmiàn yǒu shénme? Yǒu wǒmen de xínglǐ, yě yǒu Bell lǎoshī de xínglǐ, bú shì ma?'

Rosa shuō: 'Duìle. Dànshì zài xínglǐ xiāng lǐmiàn yě yǒu hěnduō qián!'

Milo shuō: 'Qián ma?'

Harold shuō: 'Dànshì Bell lǎoshī dōu shuō, jīqìrén shètuán méiyǒu qián!'

Rosa shuō: 'Bell lǎoshī tōule jīqìrén shètuán de qián!'

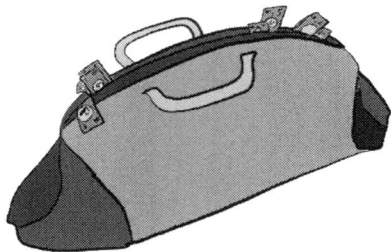

Chapter 10

A close shave

在 Monkey's Eyebrow，人很多。大家很高兴。

Rosa 高兴，因为他们快要比赛了。

Milo 和 Harold 高兴，因为他们在 Mid-Continent Rest Stop 吃了很多 Tennessee Fried Chicken。他们不想坐车了。他们快要呕吐了。

但是 Bell 老师不高兴。"你们去比赛吧！"

Chapter 10

A Close Shave

Zài Monkey's Eyebrow, rén hěnduō.
Dàjiā hěn gāoxìng.

Rosa gāoxìng, yīnwèi tāmen kuàiyào
bǐsài le.

Milo hé Harold gāoxìng, yīnwèi
tāmen zài Mid-Continent Rest Stop chī le
hěnduō Tennessee Fried Chicken. Tāmen
bùxiǎng zuòchē le. Tāmen kuàiyào ǒutù
le.

Dànshì Bell lǎoshī bù gāoxìng.
'Nǐmen qù bǐsài ba!'

一个人跟 Bell 老师说："老师 都要看学生比赛。快去坐！"

Bell 老师说："好！我就去跟好看的人坐！有胡子的人好看！我喜欢好看的人，因为我好看！"她就去了好看的人那儿。

机器人比赛的人说："你们都有很好的机器人。我们的比赛比 FIRST 难！我们的比赛比 VEX 难！也比 World Robot Olympiad 难！你们的机器人要剃一个人的胡子！"

Rosa 说："剃胡子很难！"

Harold 说："你们看！有十个人。他们的胡子都很大！"

Milo 说："我们的机器人会不会剃一个人的胡子？"

Rosa 说："它剃了校长的狮子狗！"

Yīgè rén gēn Bell lǎoshī shuō:
'Lǎoshī dōu yào kàn xuéshēng bǐsài.
Kuài qù zuò!'

Bell lǎoshī shuō: 'Hǎo! Wǒ jiù
qù gēn hǎokàn de rén zuò! Yǒu húzi de
rén hǎo kàn! Wǒ xǐhuān hǎokàn de rén,
yīnwèi wǒ hǎokàn!' Tā jiù qù le hǎokàn
de rén nà'er.

Jīqìrén bǐsài de rén shuō: 'Nǐmen
dōu yǒu hěn hǎo de jīqìrén. Wǒmen de
bǐsài bǐ FIRST nán! Wǒmen de bǐsài bǐ
VEX nán! Yě bǐ World Robot Olympiad
nán! Nǐmen de jīqìrén yào tì yīgèrén de
húzi!'

Rosa shuō: 'Tì húzi hěn nán!'

Harold shuō: 'Nǐmen kàn! Yǒu
shígè rén. Tāmen de húzi dōu hěn dà!'

Milo shuō: 'Wǒmen de jīqìrén huì
bú huì tì yīgè rén de húzi?'

Rosa shuō: 'Tā tì le xiàozhǎng de
shīzigǒu!'

Harold 说："我们 的 机器人 很好！它 会 剃 狮子狗。它 会 剃 胡子... 它 也 会 剃 Bell 老师！"

三 个 朋友 都 看了看 Bell 老师。她不看 他们。Bell 老师 喜欢 有 胡子 的人。"我 很 喜欢 有大 胡子 的 人！你们 都 很 好看！你们 喜欢 不 喜欢 老师？"

Milo 说："Bell 老师 喜欢 钱。我们 有 她 偷 的 钱 了。但是 她 也 很喜欢 好看…"

Rosa 说："我们 不会 赢 比赛…"

Harold 说："但是，她 偷了 机器人 社团 的 钱！她 跟 我们 说 都 没有钱…"

Milo 看了看 两个 朋友…

Harold shuō: 'Wǒmen de jīqìrén hěn hǎo! Tā huì tì shīzigǒu. Tā huì tì húzi...tā yě huì tì Bell lǎoshī!'

Sān gè péngyǒu dōu kànle kàn Bell lǎoshī. Tā bú kàn tāmen. Bell lǎoshī xǐhuān yǒu húzi de rén. 'Wǒ hěn xǐhuān yǒu dà húzi de rén! Nǐmen dōu hěn hǎokàn! Nǐmen xǐhuān bù xǐhuān lǎoshī?'

Milo shuō: 'Bell lǎoshī xǐhuān qián. Wǒmen yǒu tā tōu de qián le. Dànshì tā yě hěn xǐhuān hǎokàn…'

Rosa shuō: 'Wǒmen bù huì yíng bǐsài…'

Harold shuō: 'Dànshì, tā tōu le jīqìrén shètuán de qián! Tā gēn wǒmen shuō dōu méiyǒu qián…'

Milo kànle kàn liǎng gè péngyǒu…

Chapter 11
Would You Like
Fries With That?

"学生 怎么 都 不 清理 ？"

"你 说 什么 ？"Rosa 看了看 Milo。

"我 说，为什么 学生 都 不 清 理 ？讨厌 ！我们 在 这儿 吃饭 的时 候，不会 这样 ！"

Milo 很 生气。他 生气，因为 他 跟 他的 朋友 都 要 在 Barvataria 工 作。他们 喜欢 Barvateria，但是 他们 不 喜欢 在　Barvataria 工作。

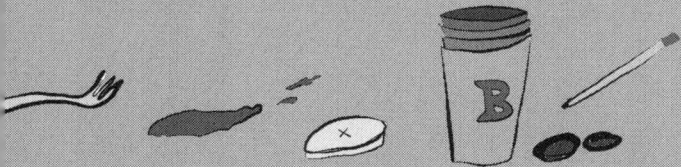

Chapter 11
Would you like fries with that?

'Xuéshēng zěnme dōu bù qīnglǐ?'

'Nǐ shuō shénme?' Rosa kànle kàn Milo.

'Wǒ shuō, wèishéme xuéshēng dōu bù qīnglǐ? Tǎoyàn! Wǒmen zài zhè'er chīfàn de shíhòu, bú huì zhèyàng!'

Milo hěn shēngqì. Tā shēngqìv, yīnwèi tā gēn tā de péngyǒu dōu yào zài Barvataria gōngzuò. Tāmen xǐhuān Barvateria, dànshì tāmen bù xǐhuān zài Barvataria gōngzuò.

Rosa 说："校长 说， 因为 我们 剃 了 Bell 老师 的 头发， 所以 我们 要 在 Barvateria 工作。"

Harold 说："但是 Bell 老师 的 头 发 不是 我们 刮的。是 机器人 刮的！"

Milo 说："机器人 也 没有 剃 Bell 老师 的 头发。机器人 只 剃了 Bell 老 师 的 头发 的 一半！"

机器人 在 Monkey's Eyebrow 剃 了 Bell 老师 的 头发 的 一半。 Bell 老 师 很 不 高兴。 但是 Milo、Harold 和 Rosa 跟 校长 说， Bell 老师 偷了 机器 人 社团 的 钱。 校长 很 生气。 因为 他 很 生 Bell 老师 的 气， 所以 她 不 在 Barvard 工作 了。

Milo 说："Bell 老师 不 在 Barvard 工作 了， 她 就 在 哪儿 工作 了？"

Rosa shuō: 'Xiàozhǎng shuō, yīnwèi wǒmen guā le Bell lǎoshī de tóufà, suǒyǐ wǒmen yào zài Barvateria gōngzuò.'

Harold shuō: 'Dànshì Bell lǎoshī de tóufà bùshì wǒmen tì de. Shì jīqìrén tì de!'

Milo shuō: `Jīqìrén yě méiyǒu tì Bell lǎoshī de tóufà. Jīqìrén zhǐ tìle Bell lǎoshī de tóufà de yībàn!'

Jīqìrén zài Monkey's Eyebrow tìle Bell lǎoshī de tóufà de yībàn. Bell lǎoshī hěn bù gāoxìng. Dànshì Milo, Harold hé Rosa gēn xiàozhǎng shuō, Bell lǎoshī tōu le jīqìrén shètuán de qián. Xiàozhǎng hěn shēngqì. Yīnwèi tā hěn shēng Bell lǎoshī de qì, suǒyǐ Bell lǎoshī bú zài Barvard gōngzuò le.

Milo shuō: 'Bell lǎoshī bú zài Barvard gōngzuò le, tā jiù zài nǎ'er gōngzuò le?'

Harold 说："她 在 Jody's Junk-yard 卖 二手 车 了。"

Milo 说："是吗？哈哈！我 想--"

Rosa 说："Milo，你 工作 吧！要 去 机器人 社团 的 人 就是 你！要 去 Monkey's Eyebrow 比 赛 的 人 也 是 你！都 是 你的 错！"

Milo 说："但是 Bell 老师 不在 Barvard 工作 了！都 是 我的 好！"

Rosa 跟 他 说："有 人 要 吃 Bar-vard Burger！你 去 工作 吧！"

Milo 很 不 高兴。他 跟 要 吃 Barvard Burger 的人 说："欢迎光临 Barvateria! 好…好…一个 Barvard Burger。请问，你 还 想 不想 买 薯 条？"

Harold shuō: 'Tā zài Jody's Junkyard mài èrshǒu chē le.'

Milo shuō: 'Shì ma? Hāhā! Wǒ xiǎng--'

Rosa shuō: 'Milo, nǐ gōngzuò ba! Yào qù jīqìrén shètuán de rén jiùshì nǐ! Yào qù Monkey's Eyebrow bǐsài de rén yěshì nǐ! Dōu shì nǐ de cuò!'

Milo shuō: 'Dànshì Bell lǎoshī bú zài Barvard gōngzuò le! Dōu shì wǒ de hǎo!'

Rosa gēn tā shuō: 'Yǒu rén yào chī Barvard Burger! Nǐ qù gōngzuò ba!'

Milo hěn bù gāoxìng. Tā gēn yào chī Barvard Burger de rén shuō: 'Huānyíng guānglín Barvateria! Hǎo… hǎo…yīgè Barvard Burger. Qǐngwèn, nǐ hái xiǎng bùxiǎng mǎi shǔ tiáo?'

Glossary

a (啊): (softens the sentence)

ba (吧): (makes a suggestion)

bàba (爸爸): daddy

bànfǎ (办法): way to do something

bǐ (比): compared to

bǐsài (比赛): competition

bù (不): not

bùxíng (不行): not okay, doesn't work

chǎo (吵): noisy

chē (车): vehicle

chī (吃): eats (something)

chīfàn (吃饭): eats

cuò (错): wrong, fault

dà (大): is big

dàjiā (大家): everyone

dànshì (但是): but

de (的): "'s, the one that...

diǎn (点): o'clock

diǎn zhōng (点钟): o'clock

dōngxi (东西): thing

dōu (都): all, both

dōu bù (都不): all/both don't

duìle (对了): oh, right

duō (多): many

èrshíbā (二十八): 28

èrshíwǔ (二十五): 25

èrshǒu (二手): second-hand

gāoxìng (高兴): happy

gēgē (哥哥): older brother

gěi (给): gives

gēn (跟): with

gēn tā shuō (跟他说): says to him

gōngzuò (工作): works

gǒu (狗): dog

gǒuròu (狗肉): dog meat

guā (刮): shave

hāhā (哈哈): ha ha!

hǎo (好): is good

hǎo a (好啊): okay then

hǎo bù hǎo (好不好): okay?

hào chī (好吃): delicious

hǎo ma (好吗): okay?

hǎohǎo xiǎng yī xiǎng (好好想一想): think hard about it

hǎokàn (好看): good-looking

hǎokàn de rén (好看的人): a good-looking person/people

hǎole (好了): okay then (a little rude or abrupt)

hǎotīng (好听): good sounding

hǎowán (好玩): fun

hé (和): and

hěn (很): very

hěnduō (很多): a lot of

hěnduō qián (很多钱): a lot of money

huānyíng guānglín (欢迎光临): "Thanks for coming into the shop"

huì (会): is likely to, will

huì qīnglǐ (会清理): will clean

húzi (胡子): beard

jǐ (几): how many, several

jiā (家): home

jīntiān (今天): today

jīqìrén (机器人): robot

jīqìrén shètuán (机器人社团): robotics club

jiù (就): sooner-than-expected, easier-than-expected, will

just...

jiùshì (就是): that's just it!

kàn (看): look at

kàn kàn (看看): take a look at

kàn yī kàn (看一看): take a look at

kànle kàn (看了看): took a look at

kě'ài (可爱): cute

kù (酷): cool

kuài (快): fast, dollar

kuài qián (块钱): dollar

kuàiyào (快要): will soon

lǎoshī (老师): teacher

le (了): (action is complete)

liǎng gè (两个): two (of something)

lǐmiàn (里面): inside

liù zhǐ (六只): six (animals)

ma (吗): yes-or-no?

máfan (麻烦): troublesome, irritating

mài (卖): sells

mǎi (买): buys

māmā (妈妈): mommy

máo (毛): hair, fur (on the body)

māo (猫): cat

méi bànfǎ (没办法): there's nothing to be done

méiguānxì (没关系): it doesn't matter, it's okay

méiyǒu (没有): there isn't, doesn't have

nà'er (那儿): there

nǎ'er (哪儿): where?

nán (难): difficult

nánhái zi (男孩子): boy

nǐ (你): you

nǐ de (你的): your

nǐ hái hǎo (你还好): are you okay?

nǐ kàn (你看): look!

nǐmen (你们): you-all

nǐmen de (你们的): you-all's

nǐmen liǎng (你们两): you two

niúròu (牛肉): beef

nǚ háizi (女孩子): girl

ǒutù (呕吐): throw up, vomit

ǒutù shètuán (呕吐社团): vomiting club

pēng pēng pēng (砰砰砰): (banging sound)

péngyǒu (朋友): friend

qián (钱): money

qián dōu shì (钱都是): the money is all

qīnglǐ (清理): clean

qīnglǐ de shíhòu (清理的时候): when someone is cleaning

qǐngwèn (请问): Excuse me, may I ask...

qīnwěn (亲吻): kiss

qù (去): goes

rén (人): person

sān (三): three

sān gè (三个): three (of something)

shéi (谁): who?

shéi de cuò (谁的错): whose fault

shēngqì (生气): is angry

shénme (什么): what?

shètuán (社团): club

shí (十): ten

shì (是): is, are, am, be

shì de (是的): yes

shì ma (是吗): is it?

shīzigǒu (狮子狗): Pekingese dog

shǔ tiáo (薯条): French fries

shuō (说): says, speaks

sì (四): four

suīrán (虽然): although

suǒyǐ (所以): therefore

tā (他): he

tā (她): she

tā (它): it

tā de (他的): his

tā de (她的): hers

tāmen (他们): they

tǎoyàn (讨厌): (someone) hates it

tì (剃): shaves

tiān (天): day

tīng (听): listen to

tóufǎ (头发): hair (on the head)

tōule (偷了): stole

wáng lǎoshī (王老师): Teacher Wang

wèishéme (为什么): why?

wǒ (我): I, me

wǒ de (我的): my

wǔshí (五十): 50

xiǎng (想): feels like

xiǎngle xiǎng (想了想): thought about it

xiǎo de (小的): small one

xiàozhǎng (校长): principal of a school

xǐhuān (喜欢): likes

xínglǐ (行李): luggage, suitcase

xínglǐ xiāng (行李箱): trunk, luggage space

xínglǐ xiāng lǐmiàn (行李箱里面): inside the luggage

xuéshēng (学生): student

yào (要): wants, will, must

yào yíng (要赢): must win

yě (也): also

yě bùshì (也不是): it's not... either

yī (一): one

yīgèrén (一个人): one person

yíng (赢): win

yīnwèi (因为): because

yīnyuè (音乐): music

yǒu (有): have, there is

zài (在): be at a place

zěnme (怎么): how

zěnme bàn (怎么办): what can be done?

zěnmele (怎么了): what's the matter?

zhè'er (这儿): here

zhèyàng (这样): this way

zhīdào (知道): knows

zhōngwén (中文): Chinese language

zhōngwén shètuán (中文社团): Chinese language club

zuò (坐): sitting

zuòchē (坐车): riding in a car

Printed in Great Britain
by Amazon